愛の循環のなかで

宇宙に徳を積む生きかた

知花敏彦

新日本文芸協会

もくじ

奉仕とは何か　6
喜びには　得る喜びと　与える喜びがある　7
徳を積むことは　犠牲になること　8
まず　与えることから始めなければなりません　10
道徳とは　犠牲精神を教えること　11
自我は欲望　真我は無欲　14
真の我に目覚めてくると
世のため　他人のために尽くして生きようとします　16
与えることと得ることとは　表裏一体である　17
本当の奉仕精神とは　犠牲である　19
この世で大きい者は　あの世で小さい者である　20

有り余った分を与えても　奉仕にはならない　22
この世の財産とは　靴のようなものである　24
神の世界に　善・悪はない
使い方によっては　悪にもなり　善にもなる　25
真我の世界では　奪い合いをしない　傷つけ合うこともない　28
本当の奉仕と　取り引きの奉仕　29
『天の蔵に　徳を積め』　30
真我は　奉仕そのものである　33
奉仕とは　他人様のために自分を捧げること　34
奉仕とは　喜びを生み出す　創り出すものである　35
『心　清き者よ、幸いなれ』　38
物が人を幸せにすることはありません　39

奉仕とは　与えるという動機で行動すること　42
与えることと得ることとの正しい循環は
常に喜びだけをもたらす　43
必要なところに　必要なときに　持って行くことが奉仕　45
無智な奉仕はしてはならない　46
神は　無差別平等の世界を創りました　47
腹八分の　本当の意味　49
奉仕とは　相手が必要なものを知って　尽くしに行くこと　51
分かち合い　救け合いの世界が　奉仕の世界　52
利己主義・自己満足から　利他主義・奉仕精神へ　54
犠牲のないところに　奉仕はありません　57
この世の損・徳は　逆さまである　58
奉仕そのものの生活をしましょう　59

愛の循環のなかで

宇宙に徳を積む生きかた

まえがきにかえて

今あらためて　知花敏彦先生の語られた真理を
ひもといてみようと思います
宇宙本来の愛につながって生きる…
それが分離から統合にむかうこの時期だからこそ
大切なことだと思います

編　者

奉仕とは何か

皆さん方は、よく奉仕作業だとか、奉仕するとか、よく言葉に出しますけれども、この奉仕というものが何であるか、ということを知らない人が多いのです。即ち、奉仕というのは犠牲です。犠牲のないということに奉仕は存在しません。犠牲になるということは損することです。損のないところに奉仕はありません。損をしないで奉仕のできた人はいないのです。

皆さん方は全部自分が得（利得）をしていますが、徳を積むためには奉仕が必要なのです。皆さん、奉仕をしないで徳を積んだ人は一人もいないのです。奉仕をしない人は他人から嫌われます。

『与えよ、さらば与えられん』の法則ですから、与えないで得ることはありません。徳を積むということは、犠牲になることなのです。奉仕をすることとなのです。徳をしたい人は損にならなければなりません。損することは徳を積むことです。

これを道徳といいますけれども、皆さん方は犠牲にならないで奉仕ができますか。自分は損しないで、他人に尽くすことはできますか。できませんね。計算済みで、こうやったら私は得するというその得のことを話しているのではありません、無所得です。無所得の奉仕といいまして、与えきりなのです。返礼を望むものではありません、与えきるものなのです。

喜びには　得る喜びと　与える喜びがある

真我というのは奉仕であり神であります。真我は奉仕するものです。何故、真我は奉仕かといいますと、能動原理なのです。自我は何かといいますと、受動原理なのです。自我という肉体は受け身ですから、得ることを喜びとします。真我は与えることを喜びとします。

喜びには得る喜びと与える喜びがあります。得る喜びと与える喜びは、どちらが本物の喜びでしょうか。

皆さん、与えるとき嫌がるのですか、喜ぶのですか。与えたとき喜びます。相手も喜び、自分も喜びます。これを分かち合いといいます。

真の奉仕とは、『与えよ、さらば与えられん』なのです。

徳を積むことは　犠牲になること

徳を積む人は奉仕をしなければなりません。こういうことをやったら得をするということで、計算済みでやることは奉仕にはなりません。皆さん、奉仕作業、ボランティアという言葉をよく使われますけれども、あれは徳するために奉仕をしているのでしょうか。損していますね。

給料も貰えないのに、ただで働きますので、損しているように見えますけれども、徳しています。徳を積むことは犠牲になることなのです。

ですから、イエス・キリストは大犠牲を払われたといわれているのです。彼は自分の得のために生きていたのではないのです。与える喜びで生きていました。人の喜び、人を生かす、その方向で生きていたのです。そうすることによって、得るものが大きかったわけです。

儲けよう儲けようとする者は無欲ですか。欲望ですか。欲望は奉仕になりません。欲の深い人が奉仕をしたためしはありません。他人の喜びを、自分の我が喜びとして分かち合える人、これは奉仕精神といいまして、精神は奉仕です。皆さん方は非常に奉仕に長けていますか。欠けていますか。

自分の物を持っていて、全く他人に与えるのを嫌う人がおります。自分の損することは全くやらないという人がいるのです。その人は最後は自分の持っている物に溺れます。押し潰されます。押し潰されて、その空しき物によって生涯を費やしてしまいます。

まず　与えることから始めなければなりません

まず、皆さん方は与えることから始めなければなりません。しかし、無闇やたらに与えてはなりません。これは無智な与え方です。

ただ知花が言ったから、何でもかんでも与えるということは、また智慧なき者であります。本当にこの人は与えて良い者なのか、これを選択しなければなりません。与えるべき者には与えなければなりません。

また、与えてはいけない者に対しては与えてはならないのです。かえって物を与えたがために、相手に欲望を生み出す結果になることもあるのです。物を与えるには、必要なところに与えなければなりません。無闇やたらに与えてもならないのです。そこをよく気をつけてください。

道徳とは　犠牲精神を教えること

道徳というのは損すること、犠牲です。道徳は徳することですか。損することですか。

犠牲精神を教えることを道徳といいます。

今の学校では犠牲精神は教えません。欲望一点張りで教育します。教育したら金持ちになるとか、良い地位に就ける、良い会社に入れるとかといいます。今の教育社会では動機が全く狂っているのです。読み書きさえできれば良い、そうすれば大金が稼げるという教育のあり方。ですから、今の教育のあり方というのは、非常に精神的に狂っています。

皆さん、他人に物を与えて喜ぶ姿を見て、あなたは悲しみますか、喜びますか。喜びますね。これはもう何ともいえない喜びなのです。

ですから、儲けよう儲けようとする人は真我ですか、自我ですか。欲望は、自我なのです。自我は受動原理ですから、「得たい、得たい。得たい、得たい。」と、全部得ることを喜びとします。

この世で大きな者はあの世で小さい者です。徳はこの世で積むことではありません。『天の蔵に、徳を積め』なのです。

あなたは損した分だけ徳を積んでいます。損しない人は、天の蔵に徳を積まれていません。

『与えよ、さらば与えられん』

『与えよ、さらば与えられん』なのです。与えないで得るものはないのです。これは『循環の法則』です。奪う者は奪われます。儲けたつもりが大欠損なのです。

一銭だって、すぐ金目（かねめ）の計算でやる人がおります。こんなことをしたら損するとか、全く奉仕の精神のない人はすぐ計算します。ソロバンをはじきます。これは大変な欠損なのです。

ですから、この世で大きい者はあの世で小さい者であります。徳は全く積まれていません。今生、大金持ちになったつもりが、来世は乞食同然の者となります。

これは自分で犯した作用と反作用の罪を背負わなければならないからです。欲望だらけで生きた人間、他人に尽くすことを全く嫌がる人間、これは自我丸出しです。自我は受動原理ですから、受け身ですから、儲けたいという喜びだけで、与えたいという喜びは全くありません。奉仕の喜びは全くありません。

即ち、皆さん方は真我が発達してきますと、物を奪おうとするのですか。与えようとするのですか。奉仕をしようとすると思います。

他人に尽くしたい、他人の喜ぶ姿をみたい、これが奉仕精神、即ち、真の皆さんの姿だと思います。与える喜びであって、得る喜びではないのです。

自我は欲望　真我は無欲

例えば、この知花があなた方から一銭の会費も取らないで、講演費も取らないで、朝・晩お話しするのは一つの奉仕なのです。私は喜びとしています。お金を取ってお話しすることは、喜びではないのです。報酬を貰ったわけですから、これは奉仕にはなりません。

損しないようになっています。損しなかったから、徳しないのです。徳を積まないのです。お金を貰ったら、徳を積まないのです。しかし、そこにも限界があります。肉体を持っている限り、ある程度のお金は必要ですから。

しかし、全く皆さん方が奉仕精神に富んだら、あなた方は食いはぐれることは全くありません。あなたが奉仕精神で生きたとすると、協力者がいっぱい出てきます。

皆から好かれる人になります。愛される人になるのです。ケチな人を好きな人っていますか。「あの人ケチ臭いよ、好きだな」っていう人がいますか。皆さん、ケチ臭い人を好きだと、欲望の深い人間を好きだといいますか。欲望のない人は綺麗ですから、好きですね。

しかし、世の中は儲けることしか考えない人がいるのです。自分は一銭だって損してはならないという人がいるのです。こういう人は一番最低級の精神状態です。即ち、「欲を捨てなさい」というのですけれども、欲を捨てきれないのです。自我は欲望ですから、欲を捨てることは、自我を捨てることです。真我は無欲です。真我に欲望はありません。

真の我に目覚めてくると
世のため　他人のために尽くして生きようとします

真我は与えようとする喜びです。そういうところに皆さん方、奉仕がありま す。では、犠牲のないところに奉仕はありますか。あなたが損することは奉仕をしたことになります。

その奉仕精神、真我に目覚めてきますと、世のため他人のために尽くそうと頑張ります。自分のためには生きません。自己欲望のためには生きません。

その自己欲望を持っている者はまだ未熟の魂なのです。熟した魂は与えようとします。即ち、どうにか人のために役に立つことはできないか、自分のために生きるのではなくて、世のため、他人のために尽くそうと、こういう奉仕の生き方をします。

ですから、皆さん方はまだまだ自分はケチ臭いか、自己中心的にしかものを見ないのか、こういうことを自分で自分を見つめてみたら良いと思います。皆さん方が本当に無欲になって与える、世のため他人のために一生懸命やったとき、皆さん方は得るものは大きいわけです。

与えることと得ることとは　表裏一体である

ですから、本当の損することは得ることであります。その損と徳は裏・表なのです。裏・表、循環しているのです。与えることと、得ることは、表裏一体です。これが『与えよ、さらば与えられん』なのです。

あなたは与えることをしなかったならば、得るものはありますでしょうか。これは仕事においても同じことです。『働かざる者、食うべからず』なのです。働かないで得るものはないと思います。怠けて、毎日ただ寝たり起きたりして、食ったりして、働かない者が食うことができますか。できないと思います。それは『循環の法則』に反しています。与えないですから得るものはないのです。働くことも与えることです。

一生懸命、皆さん、どこかに勤めているとき働いたとき、皆さんの得るものは、小さいですか、大きいですか。陰日向で、他人が見ているときだけ働いたらその人は得るものは、大きいのですか、小さいのですか。どちらでしょうか。

他人が見ていようが見ていまいが、一生懸命働くことによって信用度が高まります。信用度が高まるということは、得るものが大きくなります。いつも仕事を怠け者で、仕事はやりたくないが得るものはたくさん欲しいと思うほど、人間は貧乏になります。真の金持ちというものは、与えることから始まるのです、与えることからです。

本当の奉仕精神とは　犠牲である

ですから、私はよく税理士会などでお話をしますけれども、皆さんはソロバンを自分のためにはじくから入ってこないのです。まず、ソロバンというものは、相手のためにはじかなければなりません。

与えて初めて得るものがあるのであって、与えなければ得るものは一つもありませんから、まず得たい人は「与えなさい」ということです。

『与えよ、さらば与えられん』の法則を犯しますと、我々は苦しみ、即ち、貧乏体験をしなければなりません。苦しみです。

我々は、本当の奉仕精神というものは犠牲であります。犠牲です。奉仕とは何かといいますと、何といえばいいのでしょうか。犠牲といえばいいのです。奉仕とは何か。犠牲です、犠牲なのです。

ですから、イエス・キリストは得ることを喜びとして全うしていましたか。与えることを喜びとしていましたか。尽くして、尽くしていましたので、彼は得るものが大きかったわけです。それは与えなかったからですか。与えたからですか。与えたからです。

この世で大きい者は　あの世で小さい者である

本当に皆さん方は今、自分は奉仕しているのか、していないのか、一番誰が知っていますか。もう全く自分は損にならないように、ここにお金を積んで、一銭だってここから欠かしてはいけない、与えることは損だと思っている人がおります。その者は最終的には大変な苦しみを体験しなければならない。得るものはありません。

この世の蔵に積んで積んで、お金を積んでいきますと、その人は精神的に欠けています。道徳の道を反しています。汚いですよ。汚いと思いませんか。欲望で、他人はどうでも良い、もう自分の金庫に金を積めば良いという人間、美しい姿ですか。醜い姿ですか。

お金がもったいないから同じものしか食べない、お金を積んでいても、いつもラーメンだけを食べている人もいます。また、自分の金庫のお金が少なくなるから、他人に少しでも多くお金を払うことを嫌がる人もいます。

ですから、この世で大きい者はあの世で小さい者です。この世で大きいと自慢している者は、あの世で一番最低の次元に存在しています。「なんだ、あの者は私の召使いなのに、何故あんな高いところにいるんだ」といいます。それは、その時に気がついてももう遅い、そういう者がいっぱいいます。

ですから、金儲け主義、物欲主義、色欲・情欲、これが皆さんの精神を低下させます。よく気をつけなければなりません。

有り余った分を与えても　奉仕にはならない

ですから、奉仕というものは何かというと、与えること、自分が損することです。あなたは損しないで他人に与えることはできますか。

しかし、有り余った分を与えても奉仕にはなりません。「これだけ余っているから与えましょう」というのは、全くの奉仕にはならないのです。

本当は、自分より困っている人がいるならば、無い物でも与えなければならない、与えなければならないのです。

そういうところの世界、奉仕の精神というものは、この地上界では今非常に欠乏しております。もし、奉仕の精神で分かち合いというものができていたならば、世の中に争い事なんかないのです。また、貧乏することもないのです。

これは『循環の法則』に満たされているからです。物質的・金銭的にも、精神的にも、その全てに満たされるのですけれども、その法則を犯す結果として、奪い合いと、殺し合いと、この世に地獄というものを、人間が生み出しました。

その地獄世界は無欲が生み出したのですか、欲望が生み出したのですか。どちらでしょうか。無欲から地獄は創り出すものですか、欲望がですか。肉欲・物欲の結果がいろいろの憎しみ合い、殺し合いを生み出しているのです。皆さん方のこの世の争い事は、ほとんど金銭関係ではないでしょうか。憎しみ合いも金銭関係です。

お金で心を簡単に売り飛ばす人が世の中にいるということです。心よりもお金が大事だと思っている人が世の中に多いということです。このお金で心を治せるものではないのです。治せるものではないのに、心よりお金を中心に生きている者が世の中に多いということです。

この世の財産とは　靴のようなものである

ですから、この世の財産というものは、皆さんの履いている靴のようなものなのです。大きすぎても駄目、小さすぎても駄目、ほどほどにです。これを中道といいまして、ホントにほどほどにしませんと。持ちすぎると禍を招きます。

靴でも、同じ値段だからといって、大きな十一文の靴を買う人はいないと思います。かえって今、靴は小さい方が高いのです。高いからといって、自分に合わないような靴を買ってきて履いたら転ぶと思います。また、小さい靴を買ってきたら、それは履けないと思います。足に豆ができてしまうはずです。

ですから、そのようなもので皆さん方は、足りる心、満たされている心が大切です。いくらお金を持っても足りない人がいるのです。儲けても、儲けても、欲望には限界がありません。「これでいいです」というところがありません。

欲望は、金欲・物欲は、限界がないのです。

ですから、奉仕精神に長けている人は、精神的に高い人です。もう自分の金庫を満たすことを喜びとしている者は自我丸出し、自我丸出しなのです。

神の世界に　善・悪はない
使い方によっては　悪にもなり　善にもなる

例えば、人から貰い受けたお金を、奉仕を受けたお金を動機としまして、自分の欲望のために使うのか、世のため他人のために使うのか。そのお金は使い方によっては、悪にもなり、善にもなるのです。世の中には、悪いお金、善いお金というものはないのです。使い方によって悪にもなり、善にもなるというものなのです。使い方によってです。

人間も同じことなのです。自分の生き方によっては、善人にもなり、悪人にもなるということなのです。本来は、悪い人間とか、善い人間とかいないのです。本来は、悪いお金、善いお金というのがないように、その表現の仕方によって、あるときは悪い人間になり、あるときは善い人間になっているだけなのです。

では、もともとそこに善・悪の世界というものはあるのでしょうか。ないのでしょうか。本来はないのです。道を間違えると悪になります、というだけなのです。最初から「これは悪いお金です」と作られていますか。悪いお金はないのです。悪いお金とは、使い方いかんによっては悪いお金にもなるということだけなのです。使い方が正しければ、善い人間であるはずです。

では、あなたを善い人間にするも、悪い人間にするも、誰次第でしょうか。自分次第だと思います。誰の所為（せい）でもないと思います。

ですから、神の世界には、本来は善・悪はありません。善にするか悪にするかは、人間の自由意思によって行われているものである、ということなのです。神様は善人とか、悪人とか、お創りになっていますでしょうか。なっていないのです。

ちょうど人間が悪いお金、善いお金を作っていないようなものなのです。それがいつの間にか、人間は善・悪の中に落ちこぼれるようになってしまいました。悪も認め、善も認めるようになりました。

ですから、人間・人類という者は、未だ善・悪の木の実を食べているのです。この宇宙という神の世界には、絶対善の世界があるだけなのですけれども、皆さん方はよくよく用心しませんと、善も認め、悪も認める結果として、世の中に善・悪の入り乱れたその世界というものを生み出したものであります。本来は絶対愛の神性そのものがあるだけなのです。それを見失った人間は、善も認め、悪も認め、そういう社会に溺れるようになりました。

真我の世界では　奪い合いをしない　傷つけ合うこともない

今日は、おそらく私がこういう欲望の話をすると、欲の深い人は嫌な気持ちで聞いているでしょう。「あの知花は何をいっているのだろう？」と反抗するでしょう。しかし、欲のない人は「当たり前だ」というでしょう、ということなのです。

即ち、「無欲になりなさい」ということは、真我は無欲なのです。自我は欲望です。では、欲の深い人に悟った人はいるのでしょうか。あなたは悟りましたら欲望になるのですか。無欲になるのですか。どちらでしょうか。

真我の世界には失うものはないのです。

あなたは自我という欲望の世界の、限界の世界でものを見るわけですが、久遠常在の無限大を知っている者であれば、失うものは一つもありません。

久遠常在の無限大の普遍原理の世界を知っている者であれば、失うものは一つもありません。

久遠常在の無限の富があるだけですから、それは奪い合いをしないでしょう、傷つけ合うことはないでしょう、ということなのです。

本当の奉仕と　取り引きの奉仕

よくこういうことをいう人がおります。これはもう私が体験者です。例えば、勝手に私に何か奉仕をした人が、「あの知花は、私はあんなことをしてやったのに、お礼一つだっていってくれない。あれは偽物だ。」というのです。お礼をいわれるために奉仕、尽くしたのでしょうか。そういうのは本当の奉仕だったのでしょうか。取り引きの奉仕だったのでしょうか。取り引きだと思います。

それは心の底から、真我から与えたものではなくて、これをやることによって自分はいくら得するといって計算済みの人がいます。「あんなにやったのに」という人がよく出てきます。

これは、本当の奉仕というものは得るための奉仕ですか、与えきりの奉仕ですか。与えきりでなくてはなりません。得るためにやったのならば、それは奉仕にはなりません。

奉仕というものは、得るためにやるものなのでしょうか、与えきりなのでしょうか。与えきりであるならば、その返礼がないとか、怒り狂うことはないと思います。与えきらないから要求するわけです。

『天の蔵に　徳を積め』

ですから、この世から得た者はもう天から神から得る者はありません。

何故？　報酬はもうこの世の者からいただいたからです。

あなたが誰かに奉仕をして、この世の者から返礼がなかったら、あなたは神から得ます。得た者はもう二重払いする必要はありませんので、与えて返ってこない者は誰から、誰から得ますか。天から得ます。神から得ます。


これを『天の蔵に、徳を積め』ということなのです。あなた方はこの世の得を積もうとする、邪悪な心・醜い心、これを持つ人がいっぱいいるのです。

ですから、『この世で富める者は、禍である』『貧しき者よ、幸いなり』です。

皆さん方は本当にこの精神的に富んでいるのでしょうか。


ですから、この世の金持ちは、いつも貧乏なのです。いつも足りないのです。

お金が減るからと、金持ちはラーメンしか食べません。足りてないから非常に貧乏な姿なのです。「いくら安いんだろう、どこが安いんだろう」としか考えません。

しかし貧乏人は足りているのです。貧乏人はどうせ無いのだから、あるときは何でも食べます。それ位の違いがあるのです。

それで、お金が減るからとラーメンしか食べずに貯めたお金でも、あの世に持ち帰った人はいません。生涯貧乏だったのです。お金を持ちながら、生涯お金を持ちながら、貧乏生活をしている人がいるのです、少しでも使ったら減ると思っていますから。とうとう持ち帰れると思ったお金は持ち帰った例はありません。

そのお金への執着は、死んでも拭い去ることはできません。そして、あの世に帰った暁は自分の財産の奪い合いをしている子や孫の姿を見て、憎しみを感じる。恐ろしい世の中です。

ですから、世の中はお金を持たせてみれば、人の心が判ります。お金のためならどんな悪いことでもする、殺し合いでもする、憎しみ合いでもする、喧嘩でもする。世の中はいかに偽物の世界に、奪い合いで生きているのかが判るということです。

真我は　奉仕そのものである

本当の奉仕、徳を積んでいる人は、得になろうがなるまいが、それをやりこなす人、計算済ではない人です。犠牲のないところに徳はありません、犠牲精神こそ奉仕であります。

皆さん方は、得にならないことは絶対にやらないということは損の人です。全く自分の事以外にはもう何も考えない、自分が少しでも損になるようなことはやらないという人、これは精神的には欠乏しています。そういう人間は利己的といいます。自己中心的といいます。こういう人間が精神的に富んでいるはずがありません。相当未熟の魂です。

何故、それは受動という自我で生きているからです。自我は蓄えること、自我は他力ですから、他人から得ること、他人の奉仕を望む、他人から得ることを望む、儲けることを望みます。真我は能動的ですから、与えることを望みます。即ち、真我は奉仕そのものなのです。

奉仕とは　他人様のために自分を捧げること

奉仕ができているか、できていないか。これは皆さん方は、ここに来ましてからだいぶ変化したと思います。今、持っているお金を今まで絶対離さないという人でも、必要な人がいれば今までと違ってパッと必要なところに流してあげても平気でいる精神状態、もうこのお金を出したら大変・大変と思う人、出しても平気でいることのできる人、そういうところなのです。

ですから、皆さん方はこの世で得をしたと思っていることはみんな大欠損、損したと思うことは儲けです。

イエス・キリストは、儲けましたか、儲けませんでしたか。犠牲を払うことによって徳しました。

ですから、皆さん方は犠牲というものはどういう意味なのかいいますと、奉仕することです。損することです。損したように見えるけれども与えましたので、得るものは大きいのです。

イエス・キリストは、大犠牲を払われました。大犠牲を払われたということは、大変な奉仕をした、という意味なのです。

それを皆さん方は、日常生活で行わなければならないのです。本当にそういう精神状態で、今までは自己中心的で、自分のため、家族のためといってやっていたのでしょうか。あるいは世界人類のために、他人様のために自分を捧げているのでしょうか。

奉仕とは　喜びを生み出す　創り出すものである

皆さん方はよく自分を神に捧げます。

神は偉大なる僕（しもべ）の御方であられます。
全てに神は尽くしていらっしゃいます。
偉大なる働き手であられます。
その宇宙生命は全てを通して働き給うわけですから、
神ほど偉大なる僕の方はいらっしゃいません。
神ほど奉仕の御方はいらっしゃいません。
神はあなたを生かし、全てに与えるということによって、
徳してるのでしょうか。
奉仕そのものではありませんか、神は。

あなた方は神に生かされていながら、さんざん悪口をいっているのではないですか。さんざん悪口いっていながらも、奉仕され続けているのでしょう。生かされ続けているのでしょう。生かされ続けていますね。

ですから、文句をいわれようが、何を悪口いわれようが、そのまま無言のまま生かしてくださっているのは神様ではありませんか。あなたも人から悪口をいわれようが、何をいわれようが、他人様を生かしてあげることが神に似る、神のような僕になる秘訣ではないでしょうか、ということです。

これが神の僕ということなのです。

『神は偉大なる僕の御方である』

では、我々が神のようになるためには、神のような奉仕が必要なのではないでしょうか。神はいろいろな蓄えや返礼を望んでおられるのでしょうか。それとも奉仕そのものでしょうか。

神は奉仕そのものなのです。

皆さん方は、奉仕精神が欠けているから苦しむのです。しかし、奉仕ができている人は喜びです。毎日、喜びです。今日は誰を喜ばせようかな、と探します。今日は誰を喜ばせようか、誰かを喜ばせたい、と思います。喜びの世界へと喜びを生み出します。創り出します。これが本当の意味の奉仕なのです。

『心　清き者よ、幸いなれ』

今、皆さん方は、金・銀や物のために生きようとする浅ましい心を捨てなければなりません。金・銀が人間を幸せにしたためしはないのです。金・銀は人間を幸せにするのでしょうか。金・銀が、物が、人間を幸せにするのでしょうか。何が幸せにしますか。

心です。心の汚い人間が幸せになった例はないのです。

ですから、『心清き者よ、幸いなれ』です。

金・銀をいっぱい持っていても、心の汚い人に幸せな人間はいるのでしょうか。名誉をいっぱい持っていても、地位・教育を持っていても、教養を持っていても、その者が幸せになったためしはありません。

幸せというのは、皆さんの心の状態です。

『心清き者よ、幸いなれ』です。

金・銀や、教養や地位や、名誉をいっぱい持っていましても、『心醜き者は禍である』です。

金・銀や金目のもの、そういうもので幸せになろうとする人がおりますけれども、未だかつて、一人だって、金・銀や教養やそういうもので幸せになった人がいると思いますか。

答えはノーです。幸せにはなれません。

物が人を幸せにすることはありません

ですから、世の中は未だかつて、このいつかは朽ち果てねばならない影・幻を得て幸せになろうとする者がなんと多いことか、ということなのです。一時的には幸せのように感じます。

例えば、あなたが今、汚い家に住んでいたとします。そうすると、他人の持ち物の豪邸を見ると、「あんな家に住んで幸せだろうなあ」と思います。「欲しいなあ」と思います。そして、とうとう何かの縁に触れて、そのような豪邸に住むことが達成した。住んでみると思っていたことと全く違うもの、「何だ、同じことじゃないか」と思います。

豪邸にいても、普通の家にいても、幸せが家にいるだけで込み上げてくるのですか。その家にいるだけで、込み上げてきません。込み上げてくるならば、貧乏人をどこか豪邸に連れて行って住まわせてみて、そこでその家がその喜びを掻き立てるのなら、皆に喜びを掻き立てるはずです。掻き立てないのです。良い家に入ったら、喜びに満たされて、皆ウキウキするのですか。家に人を喜ばす力がありますか。あなたを喜ばせると思いますか。

物質的な物ではないのです。「心」なのです。

その豪邸に住んで家族がトラブル同士であったなら、地獄です、その家は。その家が人の喜びを創るのではないからです。物が人の喜びを創るのではありません。心そのものが喜びを創るのです。

ですから、頼れるのは物ではありません。何でしょうか。心です。頼れるのは心であって、物ではない、教養でもない、財産でもない、何でもないのです。何かというと、心なのです。心の邪悪な人間が、財産をいっぱい持って豪邸に住んだって、それは幸福だと思いますか。一見幸福のように見えるけれども、幸福ではないのです。幸福ではありません。

あるいは、バラック建てのプレハブに住んでいても、幸福な家庭もあります。そんな人もいるのです。物が人を幸せにすると思ったら、大間違いなのです。

これをよく理解してください。

奉仕とは　与えるという動機で行動すること

皆さん方は、物に頼ろうとする癖があります。そうではなくて、皆さん方、今日、奉仕というものは何かといいますと、犠牲です。まず、犠牲精神に長けていることが大切です。そうすると得るものが大きいのです。

動機は得るという動機ではないのです。それは法則です。

『与えよ、さらば与えられん』です。

与えるものがなかったら、得るものがありますか。

これは『循環の法則』です。法則なのです。

与えて、得て、循環していることなのです。

与えるものがなかったら、得るものはないのです。

ですから、皆さん方は本当に金目のことに関して、もっともっとキレイな金目を使えるように。善いところに生かされ、悪いお金にならないように。善いものに、人を生かす、世を生かす。その金目を持つようにしなければなりません。ですから、物理的に溺れてはなりません。そのためには奉仕精神が必要である、ということなのです。

与えることと得ることの正しい循環は常に喜びだけをもたらす

奉仕とは一言、何でしょうか。犠牲です。
犠牲のないところに奉仕はありますか。自分が損しないで奉仕ができますか。
自分は儲けて、他人に奉仕したということはできますか。できません。

ですから、皆さん方は奉仕とは何かというと、犠牲です。犠牲とは何かというと、与えることです。与えることと犠牲とは違うものですか。同じものですか。犠牲のないところに得るものはないのです。

その得るものと言うのは、私は言っているのは、必ず物理的なことを言っているのではないのです。よくここを理解してください。

それは精神的な喜びです。もちろん、物理的なことからも喜びはきます。与える、与えたとき、これは何を与えるのでしょうか。精神的に喜ぶと思います。

ですから、喜びには得る喜びと与える喜びがあります。その与える喜びと得る喜びが常に循環していれば、常に喜びだけだということなのです。それが行き詰まってしまうと、たまには苦しみに変わります。与えることと得ることのバランスを崩しますと、世の中はおかしくなります。

必要なところに　必要なときに　持って行くことが奉仕

例えば、無智な与え方をすると、「よし、奉仕だ。もう家も土地も全部売って皆にあげよう」というのは、奉仕ですか。それは奉仕にはなりません。与えるところを選ばなければなりません。あなたが誰かに、欲望の深い人に、あなたが家・土地の財産を売って、お金を与えてごらんなさい。救ったことになりますか。禍になります。苦しめるだけですよ、相手を。

必要なところに、必要なときに、持って行かなければなりません。欲望の深い、お金の欲しい人に、あの人はお金を欲しいからあの人に持って行こう。財産を売って持って行ったら、それは奉仕になりますか。生かされません。自分も生きないし、相手も生かされません。

ですから、奉仕というものは何かというと、必要な場所に、必要なときに、持って行くことが奉仕なのです。解りますね。

無智な奉仕はしてはならない

無智な奉仕はしてはいけません。もし、あなたが無智なことをやっていたら、これは奉仕にはなりません。なるか、ならないか、よっぽど慎重に捉えなければなりません。必要とするのか、しないのか。その識別もまた、不可欠かと思います。もう無闇やたらにやることは無智です。これは奉仕にもならないし、愚者としかいいようがないのです。そういうところをよくご理解いただきたいと思います。

そうだからといって、また無闇やたらに物を持ち運んではならないのです。必要なところに持って行って生きるのです、お金っていうのは。必要としないところにお金を持って行っても生きません。倉庫に寝ています。腐れるほど寝ています。では、腐るほど持っているところに持って行っても、奉仕にはなりません、生きません、それは。生かされません。

これは殺生です。無殺生というのは、生かすところに、生きるところに、物を持って行くことです。必要とするところに物を動かして持って行くことが、無殺生です。金持ちにいっぱい持って行くことは殺生である、ということなのです。よく皆さん方は身内の者、目上の者とか、そういうところに、金持ちのところに、豪華な物を持って行く癖があります。それは、私はあまり望みません。望みません。

神は　無差別平等の世界を創りました

無いところに物を埋めていくべきです。高い山は削って、谷を埋めるようなものなのです。高い山に物を積んでごらんなさい。谷間と高い山との差が出てきます。山を削り、谷間を埋めようなのです。そうして初めて、バランスなのです。

今、人間というのは、人生の荒波といって、そのデコボコがあるからおかしいのです。本来は、神は無差別平等の世界を創りましたので、山あり谷ありがあっては困るのです。山を削って、谷間を埋めようなのです。そういうことをしないで、多くの人々が高いところに物を持って行って積もうとします。これはバベルの塔です。

そうすると、貧富の差が出てくるわけです。バランスが崩れます。そういうことにならないように、私たちは本当の奉仕精神と、奉仕そのものは真我なのです。真我からしか奉仕は出てこないのです。自我から奉仕は出てきません。奉仕をしているのは、真我の現れなのです。

真我は能動的ですから与える喜び、自我は受動的ですから得る喜びです。ですから、欲望は自我、無欲は真我です。必要な人には与えてあげなさい、ということなのです。

腹八分の　本当の意味

例えば、沖縄でも非常に有名な言葉があります。「物は、八（はち）」といいまして、物というものを、八分（はちぶ）で済ませなさい、後の二分（にぶ）は貧しい人のことを考えなさい、という風習があるのです。非常に素晴らしい考えだと思います。

例えば、八分（はちぶ）を食べたら健康になりますというのは、後の二分（にぶ）は貧しい人のところに持って行く、満腹感では奉仕になりませんから、その分を貧しい人のところに持って行く、という教えだったのですけれども、それをある程度、ある程度ではなくて相当勘違いされまして、物を残すとか、そういう習慣があったのを、それを捨てたり、そういうことをしていたのでは、これは生かされていませんので何の価値もありません。

腹八分というのは、自分は腹八分食べて、後の二分は貧しい人への奉仕を示しています、奉仕を示しているのです。そうするとその人は健康になります。自分だけ腹いっぱい食べるということは、自己満足です。自分が食べた、余った物を与えるのではないのです。自分が八分食べて、後の二分は他人様に尽くす、ということなのです。解りますね。

それは自分は腹いっぱい食べて、余り物を誰かにあげる、というのとは違います。有り余った物なら誰でも与えることはできます。自分の物から削って与えるには、勇気が要ります。それが本当の奉仕です。

有り余った物を与えることは奉仕にはなりません。誰でもできます。有り余った物を与えることは。

しかし、そうではなくて、本当に自分は八分、後の二分は本当に誰かの役に立てられないか、と考えることなのです。

ですから、自己満足をしないようにしてください。自分を満たそう、満たそうとする者は、生涯の内で最後には大変な苦しみを体験するでしょう、ということなのです。

奉仕とは　相手が必要なものを知って　尽くしに行くこと

ですから、皆さん方は、本当の奉仕とは何でしょうか。尽くすことです。自分のために生きるのではなくて、世のため、他人のため、分かち合いをすることです。皆さん方は、自分の立場でものを考えないことです。

相手はどうなんだろう？　相手様の立場でものが見えるようになりますと、物事はスムーズに上手く行きます。自分本位でものを見るから争いは出てくるわけです。

今、あの人は何を必要としているのだろう？　ちょうど自分が今、何を必要としているか知っているように、相手様が必要なものを知っていなければならないのです。それを尽くしに行く。これが奉仕ではないでしょうか。

相手はどうでも良い、自分さえ満たされていれば良い、という汚い欲望・エゴに溺れて行きますと、人類が滅びてしまいます、滅亡します。その法則を誤って使ったからです。

その宇宙の循環の法則、『与えよ、さらば与えられん』の法則を誤って使うと建設ですか。破壊ですか。どちらでしょうか。

今の世の中はバランスが取れていますか。そのアンバランスがひどくなってきていますか。また今、物欲はなくなってきているのですか。旺盛になっているのですか。今の世の中は、どちらでしょうか。

分かち合い　救け合いの世界が　奉仕の世界

今から五十年前でしたら、自分が八分食べて、隣近所のお婆ちゃん、どこかに持って行って、あそこに持って行っていましたね。

私は貧乏でして、非常に貧乏な生活はしていましたけれども、もうこれが一番の楽しみだったのです。自分の家で何か豚が潰されたとか、何か御馳走があったとすると、お皿に入れて必ず隣近所に持って行くのです。その使い走りが私でしたから、その御馳走があると、それを持って「どこどこに行きなさい」といわれて、私は持って行きます。

そうすると、「ありがとうねえ」といって喜ばれて、私は何回も涙が出たことがあります。あの気持ちは今の世の中にはないのです。ただ、その配布をしたときに、こんなにたくさん持って行って、家で食べる分は残っているかなあ、後で自分の食べる分があるかなあ、と心配ではありましたが…。

皆さんも体験はありますでしょうか。今から二・三十年前の人ならば、皆それは体験していると思います、分かち合っていたと思います。それで、与えましたので、あるとき向こうがまた持ってくるのです。これが奉仕の世界、循環の法則、『与えよ、さらば与えられん』なのです。

持って行かないところに誰も持ってこないのです。持って行かないところに誰かが持ってくると思いますか。持ってきません。その循環の法則は途切れてしまうのです。

目の当たりにして、私たちはその世界を見てきましたのでよく分かります。分かち合いの世界です。即ち、奉仕の世界です。あれほど美しい姿を私は見たことはありません、未だかつて。

利己主義・自己満足から　利他主義・奉仕精神へ

今の世の中はどうでも良い、自分のお金さえ懐さえ潤っていれば他人はどうでも良いじゃないか、というような考え方です。これでは世の中は狂っていると思います。そうすると、世の中が破壊・滅亡してもおかしくないと思います。

それは誰が創ったのですか。人間がですか。神がですか。その法則、『循環の法則』『作用と反作用の法則』を、既に人間はもう犯しつつあるわけです。そうすると、世の中は破滅です。このままの調子で、精神状態で行きますと、長らくは持ちません、世の中は。そういうところも皆さん方は見ていただきたいと思います。

皆さん方は、自分は今、食べる物があるのだけれども、「ああ、本当に食べられない人もいるんだなあ」と思えば、あなたは「満足した。ああ今日は満腹した。満足した。」とはいえないと思います。肉体的破壊も同じことです。満腹食べて、自分さえお腹が満たされていれば良いというものではないと思います。食べた分だけ減りますので、物は。そういうことではないと思います。

ですから、腹八分を食べる人は健康だということは、そこをよくご存知いただけますでしょうか。満腹食べる人は健康のために良いのでしょうか、悪いのでしょうか。

ちょうどキリスト教でいう十一献金（十分の一献金）と同じことなのです。世の中、物不足になったら、皆さん方は、もっともっと少なく食べなければなりません。あなたは腹いっぱい食べなければ満足しないような贅沢になれていたら、あなたは生き延びることはできません。半分食べても生きられるような精神状態でなくてはならないのです。

あなたが人より少ない半分を食べることによって、物が不足したときには世の中に貢献できます。物不足のときにはその分、他人に分け与えたということになります。いっぱい食べたら、奪ったことになるのです。ですから、皆さん方は自己満足に慣れっこにならないように、気をつけていただきたい、と思います。

ですから、腹八分で食べる人は非常に健康的にも良いし、精神的にもプラスになります。これも一つの奉仕精神であり、道徳的でもある、ということもご理解いただきたいと思います。

犠牲のないところに　奉仕はありません

道徳とは何かというと、奉仕です。奉仕とは何かというと、犠牲です。解りますね。犠牲のないところに奉仕はありますか。ありませんか。自分が得ておいて奉仕したというのですか。自分が得することは奉仕なのですか。奪ったことになります。そういうことにならないように、皆さん方は本当の奉仕というものが何なのか、これをよくご理解いただきたいと思います。

神のような僕の方はいらっしゃいません。神は僕の方であります。働き手であられます。どんなに人から文句をいわれようが、貶（けな）されようが、奉仕して、全てを生かし続けている神そのものに関して、皆さん方は理解力を高めていただきたいと思います。

この世の損・徳は　逆さまである

奉仕とは何か。即ち、犠牲です。犠牲とは何かというと、損です。損する、損あるところに徳があります。これを損・徳と申し上げます。

損あって、徳ありです。得が先ならば、損です。得したと思ったら、損したと思ってください。

損したと思ったら、徳したと思ってください。損のあるところ徳があります。得のあるところに損があります。

逆さまであることを、皆さん方は理解していただきたい、と思います。あなたは得したなと思ったら、あなたは損したのですか、徳したのですか。今日は得したと思ったら、損です。損は徳なり、得は損なりです。皆さん方は、逆さまに物を見て、物を考えている人がいかに多いかということです。

『その奉仕、徳は天に積みなさい』ということです。徳はこの世ではなく、天の蔵に徳を積んでいただきたいと思います。

奉仕そのものの生活をしましょう

皆さん方、奉仕することは長続きします。

例えば、誰かに尽くしたとき、何回もお礼を言われるでしょう？　何回もお礼をいわれます。「あんたのお蔭でねえ、私はこうなったんだ」と何回も繰り返し、繰り返し。与える喜びは持続するけれども、得る喜びは得たものはもうその場で終わりなのです。

ですから、その与えることと得ることとのバランスが、喜びのバランスでもあります。真我は与える喜び、自我は得る喜びです。物を掻き集めようとしている人は、自我ですか、真我ですか。どちらでしょうか。

与えようとするのは真我です。

与えることから、まず始めなければなりません。
得る秘訣は与えることです。与えないで得るものはありません。
『与えよ、さらば与えられん』です。
与えることから始めなければ、得ることはありません。
奉仕そのものの生活をしましょう！

自分のために生きないこと。自己中心的にならないことです。
今から自分は何を為せばいいのか、という人がおります。
「世のために尽くしなさい」と言いたいです。

世のために尽くすことは誰に尽くしているのでしょうか。
自分のために尽くしています。
他人のために尽くさない人は、自分のために尽くさない人です。

それも無所得でなくてはなりません。駆け引きの与え方では駄目です。与えきりの愛です。　頑張ってください。

・本書は　膨大な講話の中から　一部を抜粋して編集したものです。

<著者紹介>

知花　敏彦

1941 年～ 2009 年　旧満州に生まれる。

幼年期から霊能力に優れ、南米、ヒマラヤ、エジプトで霊的な教えを受け究極の悟り（宇宙意識）に到達。

世界全体が、物質文明の急速な進展により、精神文明とのバランスのコントロールができなくなり、多くの困難な問題をかかえることを予測し人類が進むべき道を、「精神文明への回帰」と位置づけていた。

そのためには、真理とは何か、人間とは何か、真実の自分とは何かを理解し実感すると、すべての問題が、解決することを伝えるため日本全国で講演活動を、精力的に行った。

沖縄、山梨の清里、横浜と拠点を移し、海外での講演会を含めるとその数は 20 年間で 1 万 5000 回におよぶ。

著書に「ハイアービジョン」「心を育てる瞑想」などがある。

愛の循環のなかで

宇宙に徳を積む生きかた

発　　行　2015 年 1 月 23 日　初版第 1 刷
　　　　　2023 年 4 月 1 日　初版第 8 刷

著　　者　知花敏彦
発 行 者　小島裕子
企　　画　グリーンハート出版
発 行 所　新日本文芸協会
　　　　　〒 303-0043　茨城県常総市内守谷町きぬの里 2-18-1
　　　　　TEL　050-3735-9135
　　　　　fax 029-721-4155
発 売 元　株式会社　星雲社
　　　　　〒 112-0012　東京都文京区大塚 3-21-10
　　　　　TEL　03-3947-1021
　　　　　fax 03-3947-1617
表 紙 絵　kirara
印 刷 所　藤原印刷株式会社

ISBN978-4-434-20236-0